MARIA TERESA TOMAS

IL LOCATORE IMMOBILIARE

Come Trovare l'Inquilino Ideale e Stipulare un Perfetto Contratto di Locazione

Titolo

"IL LOCATORE IMMOBILIARE"

Autore

Maria Teresa Tomas

Editore

Bruno Editore

Sito internet

http://www.brunoeditore.it

Sommario

Introduzione

Come si può affittare *bene* il proprio immobile? La risposta più logica e spontanea è: nel minor tempo possibile e al miglior prezzo di mercato. Io però aggiungerei *all'inquilino perfetto*!

Ma qual è l'inquilino perfetto? È quello che paga regolarmente il canone di locazione e che utilizza l'immobile osservando la diligenza del buon padre di famiglia, senza arrecare danni. Il sogno di ogni proprietario di casa. E visto che tra proprietario e inquilino inevitabilmente si crea un rapporto, breve o duraturo che sia, questa è una cosa da non sottovalutare al momento della ricerca.

Purtroppo molti si soffermano sull'aspetto puramente economico della questione, mentre non si rendono conto che il giusto abbinamento locatore-conduttore rende il rapporto locatizio impeccabile (e di conseguenza ne beneficiano sia l'immobile che l'aspetto economico).

Questo corso è rivolto a tutti coloro che stanno pensando di affittare il loro immobile, ma non sanno come fare per trovare l'inquilino perfetto. In questo corso ti darò delle indicazioni su come affrontare questa ricerca, come stipulare il contratto di locazione distinguendone le varie tipologie, e come calcolare le imposte sugli affitti percepiti.

Insomma, un vero e proprio "manuale del perfetto locatore". Ma ricorda che per ottenere i giusti risultati, dovrai applicare queste strategie con impegno e determinazione.

Buona lettura!

CAPITOLO 1:

Cos'è la locazione e i vari tipi di contratto

Prima di affrontare l'argomento pratico di questa guida, è bene conoscere la normativa che regola gli affitti, per una migliore comprensione della corretta terminologia.

Intanto cerchiamo di capire cos'è la **locazione.** Secondo l'art. 1571 del codice civile, la locazione è quel contratto col quale una parte (il locatore, comunemente detto proprietario) si obbliga a far godere a un'altra (conduttore, comunemente detto inquilino o affittuario) un bene immobile, per un certo periodo di tempo, in cambio di un corrispettivo (canone di locazione).

SEGRETO n. 1: è bene conoscere la normativa sugli affitti, perché ci aiuta a comprenderne la corretta terminologia, e ci insegna ad applicarla in modo adeguato.

Quindi, elementi essenziali del contratto sono: il locatore, il conduttore, il canone di affitto, la durata del contratto.

Gli obblighi del locatore sono:

- consegnare al conduttore la cosa locata in buono stato di manutenzione e quindi pronta all'uso;
- mantenere la cosa locata nello stato di poter servire all'uso pattuito, garantendone l'utilizzo per l'intero corso della locazione, quindi eseguendo tutte quelle riparazioni necessarie per mantenerlo in buono stato locativo;
- garantire al conduttore il pacifico godimento durante tutto il periodo di locazione nei confronti di terzi.

Gli obblighi del conduttore sono:

- prendere in consegna l'immobile col ritiro delle chiavi e utilizzarlo con la diligenza del buon padre di famiglia, eseguendo con tempestività tutte le opere di ordinaria manutenzione che si rendano necessarie per il buon mantenimento;
- pagare il canone di affitto nei termini e nelle modalità convenuti;
- restituire la cosa locata nello stato in cui si è ricevuta, salvo il

deperimento d'uso.

SEGRETO n. 2: secondo la normativa, il locatore e il conduttore hanno dei ruoli ben precisi; non solo hanno dei diritti, ma sono tenuti a osservare determinati doveri.

Un po' di storia

Inizialmente la locazione era regolata dalla legge 392/78, meglio conosciuta come "equo canone". Questa legge non era molto conveniente per i proprietari di casa, e purtroppo non li invogliava ad affittare alle condizioni richieste, che erano molto restrittive. Si generò così una paralisi totale del mercato, bloccando l'offerta degli immobili.

Ma vista la forte richiesta di alloggi (dovuta anche al grande esodo nelle grandi città), per incentivarne l'immissione sul mercato, fu introdotta la legge 359/92, meglio conosciuta come "patti in deroga", in sostituzione della precedente.

Ma anche questa legge non risolse molto, in quanto furono modificati solamente i primi due commi della legge sull'equo canone, mentre la restante parte rimase invariata.

Quindi a dicembre del 1998 nacque la nuova legge 431/98, la cosiddetta "riforma delle locazioni abitative", tuttora in vigore, che prevede una maggiore autonomia contrattuale, liberalizzando il mercato e rivoluzionando così tutto il sistema delle locazioni ad uso abitativo.

La legge 392/78, però, è rimasta in vigore per regolare le locazioni commerciali.

SEGRETO n. 3: le leggi che regolano gli affitti sono la 392/78 (equo canone), che oggi applichiamo solo per le locazioni commerciali, la 359/92 (patti in deroga) non più in vigore, e la 431/98 (riforma delle locazioni abitative) che ad oggi è di uso comune.

I vari tipi di contratto previsti dalla nuova riforma

I contratti sono differenti a seconda che si tratti di uso abitativo o di uso diverso (che riguarda comunemente le locazioni commerciali).

I contratti ad **uso abitativo** sono:

- **contratto libero 4+4:** è quello usato maggiormente per le abitazioni e prevede una durata minima di 4 anni, rinnovabile di ulteriori 4 anni e non può essere di durata inferiore. Il canone è libero e in misura fissa per tutta la durata del contratto, salvo gli aumenti Istat annuali. Il conduttore ha facoltà di recesso anticipato in qualsiasi momento, con obbligo di comunicazione al locatore tramite lettera raccomandata con almeno 6 mesi di preavviso. Il locatore, per contro, non può recedere dal contratto, se non in prossimità delle scadenze, sempre tramite lettera raccomandata con almeno 6 mesi di preavviso;
- **contratto a canone concordato 3+2:** è quello il cui canone è concordato tra le associazioni di categoria, nei comuni ad alta densità abitativa (il cui elenco è stato pubblicato sulla G.U. nel 2004) e la durata minima è di 3 anni, rinnovabile di ulteriori 2. Anche in questo caso il conduttore può recedere anticipatamene in qualsiasi momento, dando un preavviso di almeno 6 mesi con lettera raccomandata, e il locatore può recedere solo in prossimità delle scadenze, dando preavviso di almeno 6 mesi con lettera raccomandata. Questo tipo di

contratto prevede che il canone (che, come abbiamo detto, è concordato dagli accordi territoriali) sia più basso rispetto ai canoni standard di mercato, ma il locatore ha diritto a delle agevolazioni fiscali in sede di dichiarazione dei redditi. Questa parte la approfondiremo più avanti, nel capitolo in cui ti spiegherò gli aspetti fiscali della locazione;

- **contratto ad uso transitorio:** questo contratto può avere durata da 1 a 18 mesi, e non prevede possibilità di rinnovo. La particolarità è che una delle due parti deve avere l'esigenza, documentata, della transitorietà che giustifichi la breve durata del contratto stesso. Un esempio può essere un contratto di lavoro a tempo determinato o un trasferimento momentaneo dalla sede lavorativa. Il canone è concordato nei comuni ad alta densità abitativa, mentre è libero in tutti gli altri comuni;
- **contratto per studenti universitari:** la durata di questo contratto può variare da 6 a 36 mesi e si rinnova automaticamente per lo stesso periodo. Il canone è concordato tra le associazioni di categoria come nel 3+2, ed è previsto l'aumento Istat annuale. Il conduttore ha facoltà di recesso anticipato, per gravi motivi, in qualsiasi momento dando comunicazione al locatore con almeno 3 mesi di preavviso

con lettera raccomandata, mentre per il locatore non è concesso il recesso prima della scadenza del contratto. La condizione necessaria di questo contratto è che il conduttore sia regolarmente iscritto a un corso di laurea nel comune in cui si trova l'immobile, ma deve essere residente in un altro comune. Anche per questa tipologia sono previste agevolazioni fiscali per il locatore.

Contratto **ad uso diverso dall'abitativo**:

- Il contratto, e l'unico previsto, che si utilizza per una locazione commerciale, artigianale, industriale, professionale o alberghiera è il **contratto 6+6** (per negozi, uffici, capannoni, laboratori) o il **contratto 9+9** (per gli alberghi), e la durata è rispettivamente di 6 anni, rinnovabile per altri 6, e 9 anni, rinnovabile per altri 9. Questo contratto è disciplinato dalla legge 392/78 e prevede un canone libero. Il conduttore ha facoltà di recesso anticipato, con obbligo di comunicazione con almeno 6 mesi di preavviso. Il locatore ha facoltà di recedere anticipatamente solo in prossimità delle scadenze, dando comunicazione al conduttore almeno 12 mesi prima (18 mesi per le attività alberghiere). In questo caso, se il conduttore svolge un'attività diretta al pubblico, il locatore deve riconoscergli un'indennità di avviamento per perdita della clientela pari a 18 mensilità (21 se attività alberghiera), che può essere raddoppiata se il locatore deve svolgere nell'immobile rilasciato un'attività simile a quella del conduttore.

SEGRETO n. 4: i contratti di locazione si distinguono in abitativi o ad uso diverso dall'abitazione. Capirne le differenze ti aiuta a scegliere che tipo di contratto applicare in base alle tue esigenze.

RIEPILOGO DEL CAPITOLO 1:

- SEGRETO n. 1: È bene conoscere la normativa sugli affitti, perché ci aiuta a comprenderne la corretta terminologia, e ci insegna ad applicarla in modo adeguato.
- SEGRETO n. 2: Secondo la normativa, il locatore e il conduttore hanno dei ruoli ben precisi; non solo hanno dei diritti, ma sono tenuti a osservare determinati doveri.
- SEGRETO n. 3: Le leggi che regolano gli affitti sono la 392/78 (equo canone), che oggi applichiamo solo per le locazioni commerciali, la 359/92 (patti in deroga) non più in vigore, e la 431/98 (riforma delle locazioni abitative) che ad oggi è di uso comune.
- SEGRETO n. 4: I contratti di locazione si distinguono in abitativi o ad uso diverso dall'abitazione. Capirne le differenze ti aiuta a scegliere che tipo di contratto applicare in base alle tue esigenze.

CAPITOLO 2:
Come scegliere l'immobile giusto

È meglio affittare un immobile abitativo o commerciale?

Spesso, nell'agenzia in cui lavoro, entrano persone che prima di acquistare un immobile da mettere a reddito cercano di capire se sia meglio investire in un locale commerciale o in un immobile ad uso abitativo. Mi trovo quindi a ragionare con loro sulla soluzione migliore, secondo le esigenze di ognuno.

Di norma il **locale commerciale** è sempre stato l'investimento più sicuro per i seguenti motivi:

- i canoni di locazione spesso sono alti (specialmente se in zone centrali), e le aziende sono maggiormente predisposte a pagarli perché l'intero costo può essere dedotto dal reddito d'impresa, ottenendo così una minore imposizione fiscale. Inoltre esse sanno che in centro città possono beneficiare di un'ottima posizione ai fini commerciali, con la possibilità di aumentare il proprio fatturato. Quindi, ragionando in termini finanziari, se da una parte il canone di locazione è alto, dall'altra ci sono dei benefici da non sottovalutare;

- le spese di manutenzione a carico del proprietario sono rare se non inesistenti, perché solitamente sono completamente a carico del conduttore, che in questo caso è l'azienda. Infatti, quest'ultima lo personalizza in base alla propria attività, mettendo quindi mano sia agli impianti sia alla struttura interna del locale. Inoltre l'azienda affittuaria deduce i costi di ristrutturazione dal reddito d'impresa e a volte per queste spese sono previsti dei prestiti a fondo perduto. È possibile pertanto che, ogni volta che finisce un rapporto di locazione, il proprietario si ritrovi sempre delle migliorie in più nel suo locale.

SEGRETO n. 5: solitamente il locale commerciale è un ottimo investimento perché il conduttore (azienda) deduce l'affitto e le spese di manutenzione dal reddito d'impresa, non gravando pertanto sul locatore.

Ma in questo periodo di forte crisi, non è così semplice affittare un locale commerciale: chi vuole mettersi in proprio e vuole aprire un'attività è molto titubante e impaurito per via della situazione finanziaria in cui si trova il nostro paese. Si rischia, pertanto, di tenere vuoto l'immobile per parecchi mesi, ovviamente con forti perdite economiche.

Fatta questa osservazione, il **bilocale** è sempre il *leader* dell'investimento immobiliare; infatti è quello che tiene maggiormente il prezzo di mercato rispetto ad altre tipologie di immobili, essendo la tipologia più richiesta. Perché?

Perché soddisfa le esigenze di più categorie di persone, quali:

- la coppia di fidanzati che approccia a una prima esperienza di vita insieme;
- il single "convinto" che ne fa una filosofia di vita;
- l'uomo separato da poco, in attesa di ricostruire una nuova relazione stabile;
- il ragazzo o la ragazza alla ricerca della propria indipendenza, lontano (ma non troppo) dalla famiglia;
- il lavoratore dipendente che viene trasferito dalla sua azienda in un'altra sede lavorativa.

E si potrebbero fare molti altri esempi. Il motivo principale per cui la maggior parte delle persone tende a scegliere il bilocale, è che, essendo esso piccolo (ma comunque sempre ben vivibile), la gestione delle spese è più abbordabile.

SEGRETO n. 6: il bilocale è un ottimo investimento perché è la pezzatura più richiesta, e quindi mantiene sempre il prezzo di mercato.

È meglio affittare privatamente o tramite agenzia?

Questo corso ha lo scopo di darti delle linee guida per affittare il tuo immobile da solo senza incappare in quelle che potrebbero essere situazioni spiacevoli (come ad esempio un eventuale inquilino moroso), o riuscire ad affittare in tempi brevi senza troppe perdite di denaro.

Dopo aver letto questa guida, sarai un esperto nell'affitto! Sarai in grado di valutare che tipo di contratto scegliere e saprai fare un calcolo delle imposte da pagare, oltre a saper scegliere l'inquilino giusto. Però ricordati sempre di applicare in modo corretto le strategie giuste, e cioè quelle che ti descrivo in questo corso, mettendoci sempre impegno e determinazione.

SEGRETO n. 7: solo se applicherai con impegno e determinazione le strategie descritte in questo corso sarai in grado di affittare "bene" il tuo immobile senza incappare nell'inquilino sbagliato.

Comunque, puoi anche decidere di rivolgerti a un'agenzia immobiliare affinché questa faccia il lavoro per te: oltre a essere specializzata nella ricerca del tuo inquilino ideale, essa ha la possibilità di controllare le sue referenze, può promuovere il tuo immobile tramite i suoi canali pubblicitari, e di solito redige anche il contratto di locazione specifico e lo registra all'Agenzia delle Entrate.

Ti assicuro che la spesa complessiva è di poco superiore a quella della sola stipula del contratto, e pensa a tutto l'agenzia.

A te la scelta!

SEGRETO n. 8: in alternativa al "fai da te" hai la possibilità

di scegliere di affidare il tuo immobile a un'agenzia immobiliare, sempre che ti faccia il servizio completo e ti risolva quest'incombenza.

RIEPILOGO DEL CAPITOLO 2:

- SEGRETO n. 5: Solitamente il locale commerciale è un ottimo investimento perché il conduttore (azienda) deduce l'affitto e le spese di manutenzione dal reddito di impresa, non gravando pertanto sul locatore.
- SEGRETO n. 6: Il bilocale è un ottimo investimento perché è la pezzatura più richiesta, e quindi mantiene sempre il prezzo di mercato.
- SEGRETO n. 7: Solo se applicherai le strategie descritte in questo corso sarai in grado di affittare "bene" il tuo immobile senza incappare nell'inquilino sbagliato.
- SEGRETO n. 8: In alternativa al "fai da te" hai la possibilità di scegliere di affidare il tuo immobile ad un'agenzia immobiliare, sempre che ti faccia il servizio completo e ti risolva questa incombenza.

CAPITOLO 3:
Come affrontare le tre paure del locatore

Nella mia esperienza di anni di lavoro con gli affitti, ho visto e continuo a vedere tanti proprietari di immobili, e la quasi totalità di questi si pone almeno una delle seguenti domande (se non tutte e tre), che celano tre grandi paure:

- Se non mi paga l'affitto?
- Se mi rovina l'immobile?
- Se un domani mi dovesse servire l'appartamento?

Nessuno di noi ha una palla di vetro, quindi non possiamo sapere come un domani quella determinata persona si potrà comportare nei nostri confronti o in quelli del nostro immobile.

Però esistono modi per poter prevenire l'insorgere di queste eventualità o comunque per poterci tutelare nel caso dovessimo affrontare una causa legale: una di queste è sicuramente quella di redigere un contratto di locazione adeguato. Suggerirei di rivolgerti a un legale per fartene stilare uno ad hoc, che ti tuteli sotto ogni aspetto.

Oppure puoi optare per un'agenzia immobiliare che sia **specializzata in affitti** (di solito fanno rientrare il costo di stipula del contratto nel compenso provvisionale, se hai dato loro l'incarico di affittarti l'immobile).

SEGRETO n. 9: le domande (paure) principali dei proprietari di immobili che intendono affittare sono: ***1 – se non mi paga l'affitto? 2 – se mi rovina l'immobile? 3 – se un domani mi dovesse servire l'appartamento?***

Veniamo alle nostre domande.

Paura n. 1: se non mi paga l'affitto?

Il maggior timore di chi affitta il proprio immobile è che l'inquilino smetta di pagare l'affitto. Il più delle volte, in caso di ritardo, tendiamo ad aspettare per vedere se la cosa è dovuta solo a un imprevisto.

Passano i giorni, e solo dopo qualche tempo cominciamo a sollecitare, magari sentendoci dire che ci sono state delle difficoltà e che il prossimo mese sarà tutto saldato!

Attendiamo ancora, e non vedendoci accreditare sul conto il canone pregresso (che oramai si è accumulato a quello in corso), risollecitiamo (sentendoci dare un'ennesima scusa), e così via, fino a che non decidiamo di andare da un legale per procedere con uno sfratto. E accumuliamo mensilità non percepite, oltre a tutte le spese che riguardano il mantenimento dell'immobile stesso, come ad esempio le spese condominiali e il riscaldamento!

Sappi che la legge prevede che già dal ventesimo giorno di ritardo l'inquilino può essere considerato "moroso", pertanto puoi procedere fin da subito con lo sfratto per morosità, accorciando così i tempi di rilascio dell'immobile.

SEGRETO n. 10: l'inquilino può essere considerato "moroso" già dopo il ventesimo giorno di ritardo dalla data di pagamento dell'affitto, quindi puoi già attivare una procedura di sfratto per morosità.

E che dire se nel frattempo l'inquilino perde il lavoro? Oltre al danno la beffa! Questo vuol dire che, oltre alle spese legali che sarai costretto a sostenere, non recupererai più gli affitti non percepiti.

Per rimediare a questo danno, esistono delle garanzie che il locatore può richiedere all'inquilino al momento della stipula del contratto.

La garanzia più usata è la **cauzione**: questa viene rilasciata dal conduttore al locatore per un importo normalmente pari a 2 mensilità del canone (per legge se ne possono chiedere da 1 a 3), che però non può essere imputata in conto canoni, cioè non può essere scalata dai canoni di affitto, in quanto serve a coprire eventuali danni arrecati all'immobile o eventuali spese residue non saldate precedentemente.

Tuttavia sta diventando sempre più d'uso comune il rilascio da parte del conduttore di una **fidejussione** a favore del locatore, che può essere bancaria o assicurativa.

Come funziona la fidejussione?

Detto in parole povere, la banca o la compagnia assicurativa fanno da garante al conduttore (ovviamente dopo aver verificato le sue credenziali). La fidejussione viene emessa a copertura di un certo numero di mesi di affitto (normalmente 6 o 12), e se l'inquilino diventa moroso, il proprietario fa subito richiesta di rimborso alla banca o alla compagnia assicurativa che ha rilasciato la garanzia.

Quest'ultima, ovviamente, poi si rivarrà sul conduttore. Ricordati, però, di procedere comunque con lo sfratto tramite legale, altrimenti difficilmente riuscirai a ottenere il rimborso dei canoni non pagati.

Da tenere a mente nel momento in cui dovrai scegliere il tipo di garanzia: l'emissione della fideiussione (sia bancaria che assicurativa) è a pagamento. L'inquilino pertanto dovrà sostenere questa spesa che, al contrario della cauzione, non gli sarà restituita. Quindi è possibile che al momento della richiesta, quest'ultimo possa opporsi. Sta a te riuscire a trovare un accordo in merito: per esempio potresti caricarti la spesa dell'emissione, ma almeno sei sicuro di avere una garanzia in mano.

La fidejussione, sebbene negli ultimi tempi sia richiesta sempre più frequentemente nelle locazioni ad uso abitativo, si usa principalmente in quelle commerciali, in quanto le aziende (soprattutto se appena costituite) hanno un grado di rischio più alto rispetto a una persona fisica con busta paga.

SEGRETO n. 11: a garanzia del canone di locazione puoi richiedere la cauzione (di uso più comune per l'abitativo) o la fidejussione bancaria/assicurativa (di uso più comune per il commerciale).

Paura n. 2: se mi rovina l'immobile?

Ovviamente ci sarà differenza tra un immobile vuoto e uno arredato. Semplicemente, nell'appartamento vuoto non ci sono mobili da rovinare. Le possibilità che venga danneggiato un immobile vuoto sono rare, anche se possibili: il caso classico è quello di trovare tanti fori nelle pareti o, peggio ancora, nelle piastrelle del bagno e della cucina, per il montaggio di pensili o mensole varie.

Oppure trovare le pareti tinteggiate con vernici non idonee e magari di un colore scuro, difficile da eliminare. O ancora, spigoli “arrotondati” da inquilini sbadati e incuranti dell’immobile. Ricordiamoci sempre che il conduttore deve avere cura del bene di cui dispone e questo viene sottolineato nel contratto di locazione, che entrambe le parti leggono e sottoscrivono!

Mi è capitato personalmente, qualche anno fa, di trovarmi in un bellissimo appartamento che dovevo affittare, e mentre stavo facendo il solito sopralluogo col proprietario, mi sono resa conto di una cosa che mi ha incuriosita: il secondo bagno non aveva i sanitari. Gli ho chiesto spiegazioni, e lui mi ha risposto che era furioso perché, oltre a non aver mai pagato l’affitto, il precedente inquilino aveva smontato tutti i sanitari di quel bagno perché gli serviva come ripostiglio. Roba da non credere!

Oppure quella volta che, sempre in sede di sopralluogo di un bellissimo appartamento soleggiato, ci siamo accorti che nel muro del soggiorno c'era un buco che aveva raggiunto lo strato dei mattoni. Sembrava quasi che lo avessero fatto con lo scalpello, ma poi abbiamo scoperto che l'inquilino precedente aveva una sedia a dondolo, che non ha mai pensato di spostare e che sbatteva sempre in quel punto, fino a farlo diventare così profondo.

E non è finita: procedendo con la visita, una parete inzuppata di acqua in cucina ha richiamato la nostra attenzione; era una perdita della doccia dall'altro lato del muro. Certo, può succedere, ma la perdita era latente da ormai cinque mesi! Non ti dico quanto sia gravato, a livello economico, sul proprietario di casa quel danno.

Per fortuna questi sono casi limite, anche se purtroppo ogni tanto di queste situazioni se ne trovano. In questi casi, per recuperare i danni provocati all'immobile, basta trattenere dalla cauzione la somma che serve e se non dovesse bastare si deve richiedere la differenza.

Nel caso in cui il tuo appartamento sia arredato, al momento della stipula del contratto puoi anche chiedere all'inquilino di firmare una polizza assicurativa contro incendio e furto, così da essere coperto a 360 gradi.

SEGRETO n. 12: la cauzione può servirti anche per recuperare eventuali danni causati all'immobile. Nel caso ci fosse anche l'arredamento, puoi richiedere di stipulare una polizza assicurativa contro incendio e furto.

Paura n. 3: se un domani mi dovesse servire l'immobile?

Come abbiamo specificato nel capitolo della tipologia dei contratti, se stipuli un contratto 4+4, devi ricordarti che non puoi recedere anticipatamente in qualsiasi momento, ma devi aspettare la scadenza del contratto (quindi puoi farlo al quarto anno, o devi aspettare l'ottavo), dando sempre comunicazione con 6 mesi di preavviso tramite lettera raccomandata. Pertanto, se l'appartamento ti dovesse servire prima, valuta la possibilità di redigere un contratto ad **uso transitorio** o, se l'immobile si trova in una zona universitaria, un **contratto per studenti**.

Ovviamente in questo caso ti conviene affittare l'alloggio completo di arredo, anche perché difficilmente le persone affrontano un trasloco sapendo che magari tra un anno dovranno cambiare casa!

Diversa è la situazione, invece, di un trasfertista che deve stare in una determinata zona solo per poco tempo, quindi sarà lui stesso che cercherà un immobile con contratto transitorio.

Per quanto riguarda gli immobili ad uso commerciale (per esempio un negozio o un capannone), essendo prevista per legge la tipologia 6+6, anche in questo caso per recedere anticipatamente devi aspettare la scadenza del contratto, con comunicazione da inviare tramite lettera raccomandata almeno 12 mesi prima.

Attenzione, però, perché in caso di recesso anticipato da parte del locatore, il conduttore che svolga attività diretta al pubblico (quindi per esempio il classico negozio) ha diritto a una "indennità di avviamento" pari a 18 mensilità del canone, che raddoppia (quindi diventa 36) se nello stesso locale verrà svolta la stessa attività del precedente conduttore, sfruttandone la sua clientela.

SEGRETO n. 13: prima di stipulare il contratto di affitto, valuta bene la tipologia da applicare, in base a quanto tempo vorresti tenerlo occupato.

RIEPILOGO DEL CAPITOLO 3:

- SEGRETO n. 9: Le domande (paure) principali dei proprietari di immobili che intendono affittare sono: *1 – se non mi paga l'affitto? 2 – se mi rovina l'immobile? 3 – se un domani mi dovesse servire l'appartamento?*
- SEGRETO n. 10: L'inquilino può essere considerato "moroso" già dopo il ventesimo giorno di ritardo dalla data di pagamento dell'affitto, quindi puoi già attivare una procedura di sfratto per morosità.
- SEGRETO n. 11: A garanzia del canone di locazione puoi richiedere la cauzione (di uso più comune per l'abitativo) o la fidejussione bancaria o assicurativa (di uso più comune per il commerciale).
- SEGRETO n. 12: La cauzione può servirti anche per recuperare eventuali danni causati all'immobile. Nel caso ci fosse anche l'arredamento, puoi richiedere di stipulare una polizza assicurativa contro incendio e furto.
- SEGRETO n. 13: Prima di stipulare il contratto di affitto, valuta bene la tipologia da applicare, in base a quanto tempo vorresti tenerlo occupato.

CAPITOLO 4:
Come si presenta un appartamento?

Ora che abbiamo un'idea chiara di cos'è la locazione, e quali sono le normative che la regolano, bisogna capire prima di tutto se il tuo appartamento è più affittabile vuoto o arredato. La scelta dipende da una serie di valutazioni, ad esempio la **zona** in cui è ubicato e la **pezzatura.**

Se guardiamo la **pezzatura** (e cioè la grandezza dell'immobile e i vani che lo compongono), il monolocale o il bilocale sono più facilmente affittabili arredati, ma se consideriamo la **zona** è possibile che anche un appartamento più grande sia richiesto con l'arredamento, per esempio da studenti se siamo vicini all'università, o da insegnanti se vicini alle scuole, o da dottori e infermieri se vicini all'ospedale ecc.

Contrariamente, il trilocale o l'appartamento più grande sono richiesti maggiormente da famiglie con figli che cercano una stabilità, pertanto è più facile che lo arredino a loro piacimento e in base alle loro esigenze.

SEGRETO n. 14: per prima cosa cerca di capire se il tuo appartamento si può affittare meglio vuoto o arredato; questo dipende dalla pezzatura (cioè dalla grandezza dell'immobile) e dalla zona in cui è ubicato.

Una volta fatta questa scelta, devi renderlo il più appetibile possibile.

Prima di continuare con questo argomento, vorrei riprendere la normativa sulle locazioni e ricordarti quali sono gli obblighi del locatore visti nel primo capitolo:

- consegnare al conduttore la cosa locata in buono stato di manutenzione, e quindi **pronto all'uso**;
- mantenere la cosa locata nello stato di poter servire all'uso pattuito, garantendone l'utilizzo per l'intero corso della locazione, quindi **eseguendo tutte quelle riparazioni necessarie per mantenerlo in buono stato locativo**;

- **garantire al conduttore il pacifico godimento** durante tutto il periodo di locazione nei confronti di terzi.

Detto questo, per prima cosa bisogna **pulirlo a fondo**: lavare bene pavimenti, piastrelle e sanitari, ma soprattutto i **vetri,** perché i vetri puliti ne aumentano maggiormente la luminosità. Ricordati sempre che si affitta meglio un immobile vecchio ma pulito, piuttosto che uno nuovo ma sporco!

Se necessario, dai una mano di bianco alle pareti, perché disinfetta l'ambiente e dà anche quella piacevole sensazione di fresco-

Valuta inoltre se ci sono dei piccoli lavori da fare che potrebbero compromettere la scelta del tuo appartamento, a favore di un altro, da parte di un probabile affittuario. Devi entrare nell'ordine di idee che chi cerca casa (anche se in affitto) deve viverci, quindi cerca una casa accogliente e nella quale sia tutto in ordine e funzionante. Tu vorresti andare ad abitare in un posto che non ti attrae?

Purtroppo molti proprietari che affittano il proprio appartamento pensano che tocchi all'inquilino sistemarlo. Vero, ma non è sempre così. Ognuno può personalizzare l'immobile in base alle proprie esigenze, ma è l'**effetto iniziale** che fa scegliere *questo* appartamento piuttosto che un altro.

Io personalmente, per via del mio lavoro, accompagno sempre le persone a vedere gli immobili, quindi osservo le reazioni, e ti assicuro che quando entrano in una casa pulita, ordinata e profumata, al 90% la prendono al volo.

SEGRETO n. 15: tieni l'appartamento sempre pulito e ordinato, perché è un ottimo biglietto da visita per un possibile conduttore alla ricerca della sua casa.

Le cose su cui si sofferma la gente, quando visita un appartamento, a volte possono sfuggirci, ma sono quelle che fanno la differenza tra il tuo e un altro che abbia le stesse caratteristiche (canone di locazione, zona, metratura, ecc.). Qui di seguito ti elenco alcune cose che devi tenere d'occhio:

- ripara i rubinetti che perdono (solitamente si tratta di cambiare solo una guarnizione), specialmente se la perdita è nel WC;

- rimetti al loro posto o elimina completamente tutti i fili che penzolano per casa;
- sistema le prese che col tempo tendono ad allentarsi dal muro: se sono molto vecchie, è bene sostituirle con delle nuove a norma, ne va della sicurezza di chi abita l'appartamento;
- elimina eventuali tracce di muffa sulle pareti (solitamente si tratta solo di condensa creata da poco ricircolo dell'aria): basta lavare il muro con acqua e candeggina, e se il problema persiste, meglio applicare un anti-muffa;
- sistema eventuali tapparelle rotte (normalmente sono solo le cinghie da sostituire): una tapparella storta dà tanto l'aria di casa abbandonata;
- chiudi assolutamente con un tappo gli scarichi dell'acqua (specialmente quando si è smontata la cucina), perché lasciano un terribile odore nell'ambiente, ed è la prima cosa che si sente aprendo la porta di casa;
- se il riscaldamento è autonomo, verifica la funzionalità della caldaia, che per legge deve essere sempre munita di libretto di manutenzione, in cui vengono apposti i timbri del tecnico competente per i controlli annuali.

Questi sono alcuni accorgimenti basilari, ma nel caso volessi munire l'appartamento di arredo, devi osservare regole un po' più rigide. Il tuo scopo è affittare **bene** il tuo immobile, giusto? Beh, sappi che ci sono appartamenti che si selezionano da soli, in base a come vengono presentati.

L'appartamento **bello** piace a tutti, ma "intimorisce" un po' chi non si sente all'altezza. Perché? Perché tu puoi permetterti di chiedere un canone leggermente superiore (senza esagerare, altrimenti rischi di non affittarlo) rispetto ad altri simili, solo che il tuo ha **"quel tocco in più"**.

E per dare quel tocco in più devi seguire i consigli di questa guida, facendo molta attenzione ai dettagli.

SEGRETO n. 16: se devi affittare il tuo appartamento arredato cerca di dare quel "tocco in più" rispetto agli altri che sono sul mercato, vedrai che verrà scelto il tuo a parità di condizioni.

Fino a qualche anno fa la concezione della locazione era un po' diversa. Era talmente alta la richiesta di case in affitto, che bastava inserire nell'arredo quattro mobiletti di recupero, e la gente si accontentava.

Oggi non è più così! I tempi sono cambiati e le persone sono sempre più esigenti. Cercano una casa confortevole, bella e funzionale allo stesso tempo. E in questo periodo difficile, in cui il numero di immobili in affitto è cresciuto per via della crisi della compravendita, rischi di tenere il tuo sfitto per parecchio tempo, se non applichi questi accorgimenti. Infatti, attualmente si trovano sul mercato tanti appartamenti rimasti invenduti, i cui proprietari preferiscono metterli a reddito pur di non tenerli vuoti, e recuperare se non altro le spese di mantenimento.

Non molto tempo fa fui invitata da un proprietario, che intendeva affittare il suo appartamento arredato, a fare un sopralluogo per visionarlo. L'appartamento si trovava in una casa bifamiliare, quindi molto appetibile, avendo a disposizione il giardino e non avendo le classiche spese accessorie di condominio; inoltre era appena stato ristrutturato, quindi era molto bello.

Purtroppo aveva una cosa che stonava moltissimo, e che all'impatto, rendeva l'immobile "pesante", come se mancasse l'aria: era l'arredamento molto vecchio e trasandato! A questo punto ho dovuto convincere quel proprietario che l'affitto che richiedeva (pur rientrando nei canoni di mercato) era da ritoccare, perché con quel tipo di arredo avrebbe avuto molta difficoltà a trovare l'inquilino perfetto.

Dunque, come deve essere l'arredamento?
Intanto deve essere **funzionale** e **moderno**. Non necessariamente nuovo, ma via i mobili della nonna! Piuttosto, meglio vuoto.
O se proprio non sappiamo dove mettere quel mobilio cui tanto siamo affezionati… allora **svecchiamolo** un po': bisogna snellirlo eliminando intanto gli effetti personali, quali soprammobili, quadri, centrini, chincaglierie ecc. Lasciare meno cose possibili. Se la camera da letto è "antica", visto che l'armadio è indispensabile, meglio eliminare la testiera del letto e lasciare solo le reti col materasso in modo da non appesantire troppo la stanza, e lasciare solamente una cassettiera. Idem nelle altre stanze.

Inoltre è meglio aggiungere nel contesto generale degli accessori colorati e giovani per ravvivare il tutto, visto che l'arredamento è un po' *demodé*! Mi raccomando, non si esageri con i tendaggi: meglio le tendine, magari colorate, che sono anche più pratiche da lavare.

Per quanto riguarda la cucina, questa deve essere completa (negli ultimi anni qualcuno aggiunge la lavastoviglie, ma direi che quello è un optional). Oramai si trovano cucine lineari complete a buon prezzo. Il soggiorno deve avere almeno un divano e un mobile porta TV, mentre la stanza da letto deve essere anch'essa completa. Nel bagno è d'obbligo la lavatrice, oltre che il box doccia. Ti consiglio inoltre di completare con uno specchio e mobiletti vari, per evitare che chiunque possa forarti le piastrelle creando un campo di battaglia!

Se c'è una camera in più, questa puoi destinarla a cameretta (con due letti singoli); potrebbe servire a una coppia con figli, o a studenti che dividono l'affitto e le spese, o a un'azienda per i suoi dipendenti, o semplicemente a creare un angolo PC con annessi e connessi. Puoi decidere di lasciare stoviglie e coperte a seconda di chi sarà l'affittuario; solitamente chi si sposta per breve periodo non si porta dietro "tutto l'armamentario".

Bene! L'appartamento è pronto. Ora non ci resta che pubblicizzarlo.

Come rendere visibile il tuo immobile

Ci sono diverse modalità per pubblicizzare un immobile. La prima è il **passaparola**. Devi dirlo a tutti: ai tuoi amici, al tuo vicino, al panettiere ecc. C'è sempre qualcuno che ha un parente o un conoscente che sta cercando casa. Ma ricordati di usare in ogni caso il metodo di selezione che ti ho insegnato in questo corso, non fidarti solo del fatto che sia amico di qualcuno.

Altra cosa da fare è affiggere sotto casa il cartello **AFFITTASI**, così tutti coloro che passeranno di là sapranno che c'è un immobile da affittare proprio in quella zona. Ricordati di mettere bene in evidenza il numero di telefono, e qualche parola per descrivere l'appartamento (il locale commerciale normalmente si vede da fuori per via delle vetrine).

Una cosa importantissima, che ha un'ottima resa, è l'**annuncio su internet** nei siti specializzati per le locazioni.

Ci sono tantissimi siti gratuiti in cui poter inserire l'annuncio con le foto (mi raccomando, più foto inserisci e più l'annuncio viene visto), la descrizione e i tuoi riferimenti (numero di telefono, email ecc.).

Ce ne sono anche alcuni a pagamento che sono molto efficaci perché sono i più visti in assoluto, ma secondo il mio punto di vista non ti conviene fare un abbonamento per inserire un solo annuncio. Solitamente sono siti che utilizzano le agenzie immobiliari per inserire un pacchetto di annunci. Questo, per esempio, è un buon motivo per pensare di avvalersi di un'agenzia specializzata in locazioni per affittare il tuo immobile.

Inoltre puoi pubblicare il tuo annuncio sui **giornali locali**, valutando quale potrebbe essere il più letto nella tua zona.

Come vedi, ci sono vari modi di fare pubblicità, non devi sceglierne uno a scapito di un altro, ma piuttosto direi di utilizzarli tutti, affinché si integrino l'uno con l'altro.

SEGRETO n. 17: una volta che hai preparato l'appartamento, devi renderlo il più visibile possibile. Ci sono vari modi per pubblicizzarlo, scegline uno o meglio ancora usali tutti contemporaneamente per avere un'efficacia maggiore.

RIEPILOGO DEL CAPITOLO 4:

- SEGRETO n. 14: per prima cosa cerca di capire se il tuo appartamento si può affittare meglio vuoto o arredato; questo dipende dalla pezzatura (cioè dalla grandezza dell'immobile) e dalla zona in cui è ubicato.
- SEGRETO n. 15: tieni l'appartamento sempre pulito e ordinato, perché è un ottimo biglietto da visita per un possibile conduttore alla ricerca della sua casa.
- SEGRETO n. 16: se devi affittare il tuo appartamento arredato cerca di dare quel "tocco in più" rispetto agli altri che sono sul mercato, vedrai che verrà scelto il tuo a parità di condizioni.
- SEGRETO n. 17: una volta che hai preparato l'appartamento, devi renderlo il più visibile possibile. Ci sono vari modi per pubblicizzarlo, scegline uno o meglio ancora usali tutti contemporaneamente per avere un'efficacia maggiore.

CAPITOLO 5:

Documentazione necessaria e aspetti fiscali

Come avere le carte in regola

Quando decidi di affittare, che sia un immobile ad uso abitativo o commerciale/produttivo, oltre a preoccuparti di prepararlo per la sua presentazione, devi fare i conti con la burocrazia. Assicurati di avere tutta la documentazione necessaria e obbligatoria per legge per avere tutte le carte in regola.

Qui di seguito ti faccio un elenco di quello che occorre per affittare:

- **certificazioni degli impianti** rilasciate dai tecnici competenti, quali l'elettricista e l'idraulico; non è obbligatorio allegarli al contratto, ma sappi che se dovesse succedere qualcosa agli impianti senza che questi abbiano la relativa certificazione, sarai responsabile e passibile di denuncia da parte dell'inquilino;
- se il tuo immobile ha il riscaldamento autonomo, sei tenuto a

consegnare al tuo inquilino il **libretto di manutenzione della caldaia**, su cui tutti gli anni è obbligato a far apporre i timbri dal tecnico competente per la manutenzione periodica;

- **ACE (Attestato di Certificazione Energetica)**: da luglio del 2009 è obbligatorio, per chi vende e per chi dà in affitto il proprio immobile, far predisporre questo certificato da un architetto o da un ingegnere abilitato, e quindi iscritto a un apposito albo, sul quale viene indicato il consumo energetico dell'immobile stesso;
- **prospetto delle spese condominiali** predisposto dall'amministratore del condominio. Sarebbe opportuno avere un consuntivo dell'anno precedente, oltre al preventivo dell'anno in corso, per poter meglio quantificare i consumi senza che l'inquilino abbia brutte sorprese (e magari correre il rischio che quest'ultimo non le paghi!);
- **planimetria dell'immobile**: questo è un documento che viene richiesto soprattutto da chi affitta un locale commerciale, per poter meglio allestire gli arredi e le attrezzature della propria attività;
- **dati catastali completi**: non è obbligatorio inserirli sul contratto di locazione, ma da giugno del 2011 e cioè da

quando è entrata in vigore la **cedolare secca** (vedi il capitolo sugli aspetti fiscali della locazione), bisogna indicarli sul modulo di registrazione del contratto da presentare all'Agenzia delle Entrate (Mod. 69).

SEGRETO n. 18: per poter affittare un immobile bisogna sempre avere i documenti in regola e pronti all'uso nel caso ce ne fosse bisogno. Nel caso non ne fossi in possesso, provvedi subito a recuperarli!

Gli aspetti fiscali della locazione

Dopo aver visto gli aspetti pratici per affittare il tuo immobile, e dopo aver fatto una scelta sul tipo di contratto da sottoscrivere, passiamo a un aspetto, anche se noioso, molto importante, anzi direi fondamentale, e cioè la **tassazione** degli introiti derivanti dai canoni di locazione.

Questo è un conteggio che fa il tuo commercialista in sede di dichiarazione dei redditi, ma a te serve per capire quanto rende il tuo immobile, quindi è utile che anche tu sappia quali sono le tasse che gravano sul tuo immobile affittato, e come si calcolano.

SEGRETO n. 19: la tassazione degli immobili è un aspetto noioso del "fai da te" ma molto importante per capire quale regime scegliere e per avere il massimo rendimento dal tuo affitto.

Imposta di registro

Questa è pari al 2% sul canone annuo di locazione, viene divisa a metà tra il locatore e l'affittuario, e deve essere versata ogni anno finché il contratto è valido. Per i contratti a canone concordato (i cosiddetti 3+2) e per i contratti a studenti universitari fuori sede, l'aliquota del 2% va calcolata sul 70% del canone annuo (anziché sull'intero importo).

Attenzione: se si opta per il regime di cedolare secca, l'imposta di registro non è dovuta!

Per i locali commerciali soggetti a IVA, invece, l'imposta di registro si riduce all'1% dell'affitto annuo percepito, perché altrimenti si pagherebbero due volte le imposte (IVA + Imposta di Registro) sullo stesso reddito.

Nota bene: se una delle due parti (locatore e conduttore) non dovesse pagare la sua quota di imposta, l'altra parte non sarebbe "libera", in quanto entrambi, per l'Agenzia delle Entrate, sono responsabili **in solido**, questo significa che sono tenute a rispondere indistintamente per l'intero debito.

IRE (Imposta sul Reddito)

Il canone di locazione è un reddito, e come tale è assoggettato a imposta, pertanto deve essere dichiarato nella denuncia dei redditi annuale. L'imponibile tassabile attualmente è pari all'85% del canone annuo (o 59,50% per i contratti 3+2 o studenti), e va sommato agli altri redditi, così da applicare l'aliquota corrispondente in base alla tabella stabilita dall'Agenzia delle Entrate anno per anno.

Nota bene: nel momento in cui sto scrivendo questa guida (aprile 2012) il nostro Paese è soggetto a un periodo di ritocco delle normative fiscali, pertanto quanto detto in questo capitolo potrebbe non essere più valido, o potrebbe subire delle variazioni.

Aliquote IRE anno di imposta 2011

SCAGLIONI DI REDDITO	ALIQUOTE IRE
redditi fino a 15.000 euro	23%
tra 15.001 e 28.000 euro	27%
tra 28.001 e 55.000 euro	38%
tra 55.001 e 75.000 euro	41%
oltre i 75.000 euro	43%

ICI (Imposta Comunale Immobili)

Come dice la parola stessa, questa è un'imposta comunale, e varia dal 4 al 7 per mille da calcolare sul valore catastale dell'immobile, a prescindere dal canone di locazione percepito. Alcuni comuni però prevedono una riduzione di aliquota per immobili concessi in locazione rispetto a quelli lasciati sfitti.

Attenzione: dal 2012, con la nuova manovra Monti, questa imposta è stata sostituita dall' IMU.

IMU (Imposta MUnicipale)

Questa imposta è in vigore dal 1° gennaio 2012, e sostituisce la precedente ICI, conglobando anche la tassa sulla spazzatura e altri servizi comunali. L'aliquota fissa attualmente è lo 0,76% calcolata su un valore catastale maggiorato del 60%.

Per le abitazioni principali l'aliquota è ridotta allo 0,4% e sono previste delle detrazioni d'imposta, ma questo non è il nostro caso; a te interessa sapere quali sono le imposte da pagare sul tuo immobile che non sarà da adibire ad abitazione principale, ma sarà da affittare.

Cedolare secca

Il regime di *cedolare secca sugli affitti* è entrato in vigore ad aprile del 2011, ed è l'imposta che il locatore può scegliere di pagare sui canoni di locazione percepiti in sostituzione dell'Irpef a regime normale, dell'imposta di registro e di bollo.

L'imposta è **fissa** nella misura del **21%** per i canoni liberi e del **19%** per i canoni concordati, e si calcola sul 100% del canone annuale percepito, a differenza dell'IRE (85% sui canoni liberi e

59,50% sui canoni concordati).

Questa imposizione fiscale è un'alternativa alla precedente imposizione Irpef a scaglioni di reddito (che rimane comunque in vigore): bisogna fare un'attenta valutazione per capire, in base ai propri redditi personali, quale sia la più conveniente per te.

Per i nuovi contratti, questa scelta va fatta in sede di registrazione, con l'opzione per il regime di cedolare secca sul **Mod. 69,** cioè quel modulo che bisogna compilare per registrare il contratto di locazione all'Agenzia delle Entrate. Per i contratti in essere, invece, bisogna inviare una lettera raccomandata con ricevuta di ritorno all'inquilino dell'immobile per cui stai scegliendo questo tipo di tassazione, dove gli comunicherai la tua scelta.

Perché bisogna comunicarlo all'inquilino?

Perché chi opta per la cedolare secca non ha diritto all'aumento ISTAT, oltre a essere esente da imposta di registro e di bollo, e di conseguenza anche l'affittuario ne beneficia!

Attenzione: la cedolare secca è applicabile solo agli immobili ad uso abitativo!

Ma per quanto tempo, se si sceglie la cedolare secca, essa rimane in vigore? E se si hanno più immobili affittati, e si vuole applicarla solamente su uno di questi, è obbligatorio applicarla anche agli altri? E se ci sono più proprietari sullo stesso immobile, si è obbligati tutti a scegliere lo stesso regime?

Una volta fatta la scelta per il regime di cedolare secca, questa rimane valida fino a revoca, che deve essere comunicata nelle stesse modalità. Questa opzione può essere fatta distintamente per ogni singolo immobile ad uso abitativo, in base alla convenienza e, nel caso ci fossero più proprietari dello stesso immobile, questi possono scegliere singolarmente.

SEGRETO n. 20: le imposte che gravano su un immobile affittato sono l'IMU (ex ICI), imposta di registro e di bollo (se non si opta per la cedolare secca) e l'IRE. Quest'ultima ha due modalità di calcolo, a seconda che si scelga di aderire alla

cedolare secca o al regime normale.

RIEPILOGO DEL CAPITOLO 5:

- SEGRETO n. 18: per poter affittare un immobile bisogna sempre avere i documenti in regola e pronti all'uso nel caso ce ne fosse bisogno. Nel caso non ne fossi in possesso, provvedi subito a recuperarli!
- SEGRETO n. 19: la tassazione degli immobili è un aspetto noioso del "fai da te" ma molto importante per capire quale regime scegliere per avere il massimo rendimento dal tuo affitto.
- SEGRETO n. 20: le imposte che gravano su un immobile affittato sono l'IMU (ex ICI), imposta di registro e di bollo (se non si opta per la cedolare secca) e l'IRE. Quest'ultima ha due modalità di calcolo, a seconda che si scelga di aderire alla cedolare secca o al regime normale.

Conclusione

Bene, siamo giunti al termine del manuale. Dunque, cosa hai appreso da questa guida?

Intanto hai finalmente fatto chiarezza sulle normative che regolano il mondo della locazione e sulle varie tipologie di contratto esistenti attualmente nel nostro Paese, e magari ti sei reso conto di quanti contratti errati ci siano in circolazione (con la conseguenza che, nel caso in cui ci fosse un problema per cui bisogna andare in causa, il locatore avrebbe serie difficoltà a rivendicare ciò che è giusto).

Abbiamo inoltre fatto una distinzione tra le varie imposte che gravano sugli immobili messi a reddito. Ti ribadisco il fatto che le cose potrebbero cambiare nel breve periodo, in quanto il Governo Monti, in questo momento, si sta dando da fare per modificare alcune normative fiscali, quindi ciò che è descritto in questo manuale potrebbe essere modificato.

Ma, cosa molto importante, hai imparato a cercare il tuo "inquilino perfetto", e hai studiato come comportarti per poterlo "attirare". Tutto dipende da come prepari il tuo immobile, ha tutto inizio da lì.

È chiaro, all'inizio non sarà così semplice e automatico, e spesso arriverai al punto di scoraggiarti, ma ti rammento che questo è un periodo molto difficile, bisogna avere molta pazienza, e vedrai che con i dovuti accorgimenti e con l'esperienza, tutto diverrà naturale. Devi solo applicare i suggerimenti descritti in questa guida con impegno e determinazione.

Quindi, mettiti all'opera e buona ricerca!

Maria Teresa Tomas

www.ingramcontent.com/pod-product-compliance
Ingram Content Group UK Ltd.
Pitfield, Milton Keynes, MK11 3LW, UK
UKHW022010190726
13853UKWH00004B/1848

9 788861 745193